De puntillas en Lugares escalofriantes

PRISIONES ABANDONADAS

por Joyce Markovics

Consultora: Ursula Bielski
Escritora e investigadora de fenómenos paranormales
Fundadora de Chicago Hauntings, Inc.

BEARPORT PUBLISHING

New York, New York

Créditos

Cubierta, © Zorandim/Shutterstock and © nienora/Shutterstock; TOC, © City of Angels/Shutterstock; 4–5, © Nagel Photography/Shutterstock and © iJeab/Shutterstock; 6, © Everett Collection Historical/Alamy; 7, © Alistar James/Alamy; 8, © Private Collection/Courtesy of Swann Auction Galleries/Bridgeman Images; 9, © karenfoleyphotography/Shutterstock; 10, © James Chandler/Dreamstime; 11, © Nagel Photography/Shutterstock; 12, © Chalabala/iStock; 13, © beer5020/iStock; 14, Public Domain; 15, © Tim Kiser/CC BY-SA 2.5; 16T, Public Domain; 16B, © Tim Kiser/CC BY-SA 2.5; 17, © bonciutoma/iStock; 18, © Maciej Bledowski/Shutterstock; 19, © Plus69/Shutterstock; 20, © GlebStock/Shutterstock; 21, © Todd Bannor/Alamy; 23, © Asmus Koefoed/Shutterstock and © photocritical/Shutterstock; 24, © Chaowalit Seeneha/Shutterstock.

Director editorial: Kenn Goin
Editora: Joyce Tavolacci
Traductora: Eida Del Risco
Editora de español: Queta Fernandez
Director creativo: Spencer Brinker
Investigador de fotografía: Thomas Persano
Cubierta: Kim Jones

Datos de catalogación de la Biblioteca del Congreso

Names: Markovics, Joyce L., author. | Del Risco, Eida, translator. | Translation of: Markovics, Joyce L. Deserted prisons.
Title: Prisiones abandonadas / por Joyce Markovics.
Other titles: Deserted prisons. Spanish
Description: Nueva York, Nueva York : Bearport Publishing, 2018. | Series: De puntillas en lugares escalofriantes | Includes bibliographical references and index. | Audience: Ages 5–8.
Identifiers: LCCN 2017011836 (print) | LCCN 2017019436 (ebook) | ISBN 9781684023943 (ebook) | ISBN 9781684023851 (library)
Subjects: LCSH: Haunted prisons—Juvenile literature.
Classification: LCC BF1477.3 (ebook) | LCC BF1477.3 .M3718 2018 (print) | DDC 133.1/22—dc23
LC record available at https://lccn.loc.gov/2017011836

Para más información, escriba a Bearport Publishing Company, Inc., 45 West 21st Street, Suite 3B, New York, New York 10010. Impreso en los Estados Unidos de América.

10 9 8 7 6 5 4 3 2 1

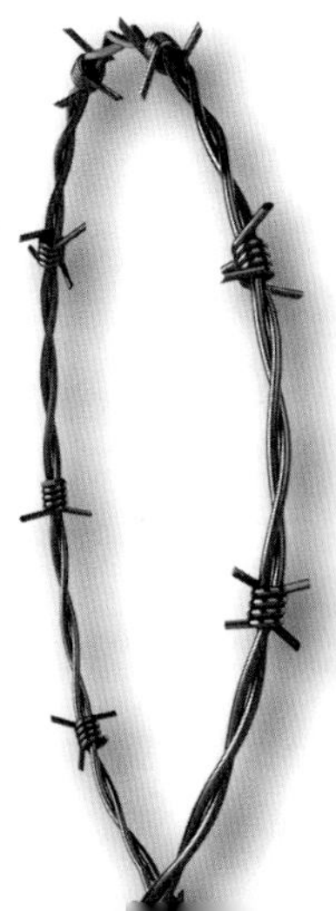

CONTENIDO

Prisiones abandonadas

Alambre de afiladas puntas enrollado en una cerca alta. Cuando entras en la oscura prisión, ves filas interminables de celdas vacías. ¡Plam! Una pesada puerta de metal se cierra de golpe. Por tu columna corre un escalofrío. Entonces, una mano fantasmal sale de una de las celdas y ¡te agarra!

Prepárate para leer cuatro historias aterradoras acerca de prisiones abandonadas. Pasa la página… ¡si te atreves!

Una maldición fantasmal

Penitenciaría Eastern State, Filadelfia, Pensilvania
Abrió en 1829 • Cerró en 1971

Desde el exterior, la prisión parece un castillo. Sin embargo, sus gruesos muros guardan muchos oscuros secretos.

Cerca de 80.000 **delincuentes** fueron encerrados ahí. Uno de los más famosos fue Al Capone, un gánster de Chicago. Pero ni siquiera Al era lo suficientemente duro para luchar contra un fantasma.

Al Capone

Penitenciaría
Eastern State

Una noche de 1929, de la celda de Al salieron alaridos. Los gritos despertaron a los otros **reclusos**. Escucharon que Al le gritaba a un tal Jimmy que se fuera de su celda. Lo curioso era que Al estaba solo. Muchos creen que esa noche lo visitó un fantasma. Se piensa que pudo haber sido James "Jimmy" Clark, una de las muchas **víctimas** de Al.

Antes de que lo enviaran a la cárcel, Al Capone había hecho asesinar a James "Jimmy" Clark en una **masacre** sangrienta.

Una foto de la masacre, que ocurrió el día de San Valentín de 1929

La celda de Al Capone

Jack, el rápido

Penitenciaría del Estado de Misuri, Jefferson City, Misuri
Abrió en 1836 • Cerró en 2004

Hay una prisión en Misuri con un largo pasado sangriento. Llegó a ser la prisión más grande del país. Después de cerrada, se convirtió en el hogar de un espíritu **travieso** llamado Jack, el rápido.

Penitenciaría del Estado de Misuri

Se cree que Jack, el rápido, es el fantasma de un antiguo prisionero. Hay **testigos** que lo han visto correr por los pasillos. Otros lo han visto salir de las paredes. Y enseguida ¡paf! desaparece.

Se cree que cuando estaba vivo, Jack, el rápido, hacía **mandados** en la prisión.

Una noche, una trabajadora de la prisión revisó una larga fila de **casilleros** asegurándose de que estuvieran cerrados, y se fue a revisar otra área. Cuando regresó, ¡las puertas de los casilleros estaban abiertas! Enseguida supo que era obra de Jack, el rápido.

Hasta que la muerte nos separe

Penitenciaría del Estado de West Virginia, Moundsville, West Virginia
Abrió en 1876 • Cerró en 1995

¿Crees posible que un fantasma mande a un hombre a la cárcel? Al parecer, eso es lo que muchos creen que pasó en West Virginia en 1897.

Un día, Zona Heaster Shue fue hallada muerta. El cuerpo de la joven esposa yacía al pie de la escalera. Poco después, su atribulado esposo, Trout Shue, la enterró. Se determinó que su muerte había sido un accidente. ¿Pero lo fue?

Zona Heaster Shue

Penitenciaría del Estado de West Virginia

Un mes después de la muerte, el espíritu de Zona visitó a su madre. El espíritu le dijo que había sido asesinada por Trout. Enseguida desenterraron el cuerpo de Zona y un doctor descubrió que la habían asfixiado. Trout fue hallado **culpable** de asesinato. Pasó el resto de sus días en la prisión estatal, en Moundsville.

Mary Jane Heaster, la madre de Zona

El pueblo de Moundsville fue nombrado por una enorme colina que los nativoamericanos construyeron como cementerio.

Ojos rojos y brillantes

Penitenciaría Federal de Alcatraz, San Francisco, California
Abrió en 1934 • Cerró en 1963

Alcatraz está en una pequeñísima isla rocosa. Cuando estaba activa como prisión, era un sitio duro y solitario. No es raro que algunos de los reclusos encontraran allí un terrible **destino.**

En la década de 1940, arrojaron a un recluso que se había portado mal a una celda oscura y diminuta llamada "el hueco". Unos segundos después de haber sido encerrado, el hombre empezó a gritar pidiendo ayuda. Les dijo a los guardias que una criatura de ojos rojos y brillantes estaba en la celda con él. Los guardias no le hicieron caso.

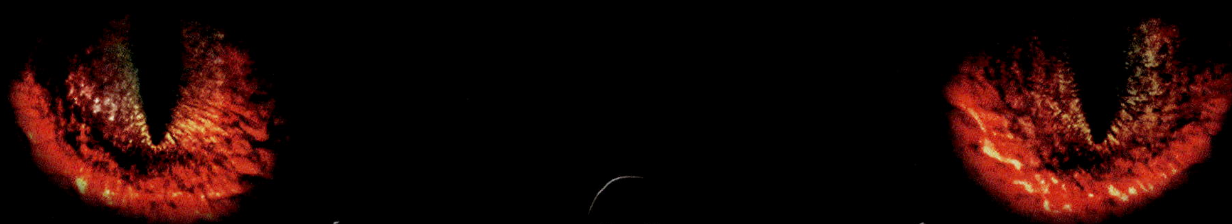

Más de 35 prisioneros trataron de escapar de Alcatraz. Ninguno lo logró y muchos se ahogaron en el proceso.

El recluso gritó durante toda la noche. A la mañana siguiente, estaba en silencio. Cuando los guardias entraron a la celda, lo encontraron muerto. Su rostro exhibía una mueca de terror. Tenía marcas rojas en el cuello, ¡como si lo hubieran estrangulado!

"El hueco" en Alcatraz

PRISIONES ABANDONADAS DE ESTADOS UNIDOS

PENITENCIARÍA FEDERAL DE ALCATRAZ

San Francisco, California

Explora una de las prisiones más rigurosas y siniestras del mundo.

PENITENCIARÍA DEL ESTADO DE MISURI

Jefferson City, Misuri

Visita un lugar por donde aún deambula un espíritu travieso.

PENITENCIARÍA EASTERN STATE

Filadelfia, Pensilvania

Aprende acerca de los delincuentes que poblaron esta prisión… ¡y de los fantasmas de sus víctimas!

PENITENCIARÍA DEL ESTADO DE WEST VIRGINIA

Moundsville, West Virginia

Investiga sobre esta prisión que fue el hogar de un genio del asesinato.

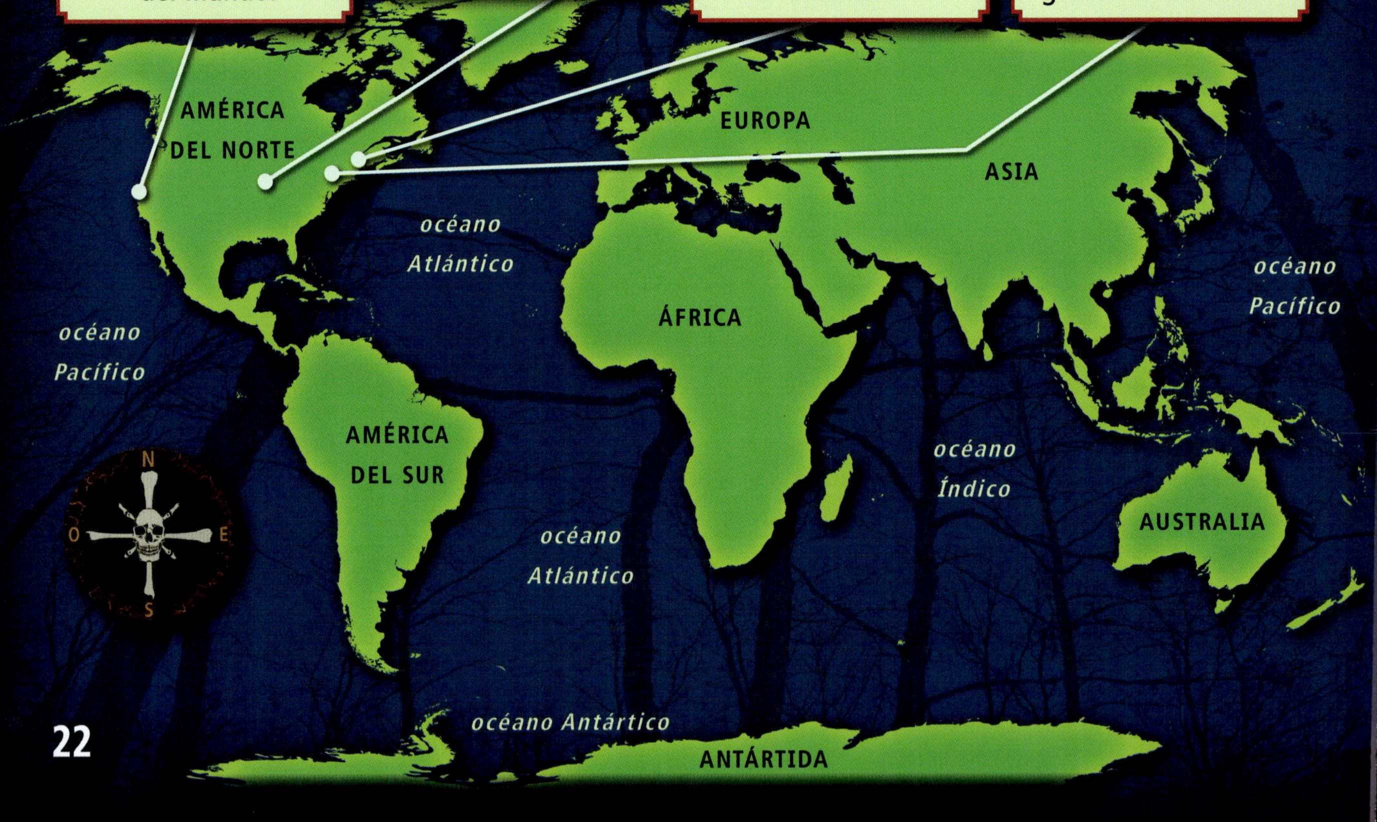

Glosario

casilleros compartimentos o cajones que pueden cerrarse con llave y utilizarse para guardar cosas

culpable persona que ha hecho algo malo o en contra de la ley

delincuentes personas que han quebrantado la ley

destino fuerza que se cree que controla los acontecimientos y decide el futuro

mandados viajes cortos que se hacen para lograr algo, como entregar un paquete

masacre asesinato brutal de un número grande de personas

reclusos prisioneros

testigos personas que dicen lo que vieron

travieso revoltoso y juguetón

víctimas personas que han sido heridas o muertas

Índice

Lee más

Penn-Coughin, O. *They're Coming For You: Scary Stories that Scream to be Read, Bend, OR: You Come Too (2011).*

Phillips, Dee. *Doomed on Death Row (Cold Whispers II).* Nueva York: Bearport (2017).

Aprende más en línea

Para aprender más sobre prisiones abandonadas, visita:
www.bearportpublishing.com/Tiptoe

Acerca de la autora

La escritora Joyce Markovics vive en una casa de 160 años. Es probable que allí también vivan seres sobrenaturales.